SELECTED POEMS
1925-1990

SELECTED POEMS
1925-1990

J. K. ANNAND

JAMES THIN
THE MERCAT PRESS, EDINBURGH

First published in 1992 by Mercat Press
James Thin, 53 South Bridge, Edinburgh EH1 1YS

Typeset by Polyprint, Edinburgh, and
printed and bound in Great Britain by
Billing & Sons Limited, Worcester

CONTENTS

AUTHOR'S NOTE

These verses have been selected from my earlier books, *Two Voices* (1968), *Poems and Translations* (1975), and *Songs from Carmina Burana* (1978), plus some that have previously appeared only in periodicals. None of the rhymes in my three books of verse for children are here, these having been collected in *A Wale o Rhymes* (1989). Nor is there anything from my translations of Wilhelm Busch's illustrated stories in verse: *Hans Huckebein/Habbie Hurklebane* (1985), *Max und Moritz/Dod and Davie* (1986), and *Plisch und Plum* (as yet unpublished).

Most of the seafaring pieces were written some years after the war, and are recollections of experiences in the waters of the northern Atlantic and the Barents Sea in the years 1941-1945. A few notes explaining some of the more obscure naval terms appear at the end of the book.

A glossary has not been considered necessary. The meaning of most Scots words can be understood from their context, but reference to *The Pocket Scots Dictionary* can be useful.

ARCTIC CONVOY

Intil the pitmirk nicht we northwart sail
Facin the bleffarts and the gurly seas
That ser' out muckle skaith to mortal men.
Whummlin about like a waukrife feverit bairn
The gude ship snowks the waters o a wave.
Swithers, syne pokes her neb intil the air,
Hings for a wee thing, dinnlin, on the crest,
And clatters in the trouch wi sic a dunt
As gey near rives the platin frae her ribs
And flypes the tripes o unsuspectin man.

Northwart, aye northwart, in the pitmirk nicht.
A nirlin wind comes blawin frae the ice,
Plays dirdum throu the rails and shrouds and riggin,
Ruggin at bodies clawin at the life-lines.
There's sic a rowth o air that neb and lungs
Juist canna cope wi sic a dirlin onding.

Caulder the air becomes, and snell the wind.
The waters, splairgin as she dunts her boo,
Blads in a blatter o hailstanes on the brig
And geals on guns and turrets, masts and spars,
Cleedin the iron and steel wi coat o ice.

Northwart, aye northwart, in the pitmirk nicht.
The nirlin wind has gane, a lownness comes;
The lang slaw swall still minds us o the gale.
Restin aff-watch, a-sweein in our hammocks,
We watch our sleepin messmates' fozy braith
Transmogrify to ice upon the skin
That growes aye thicker on the ship-side plates.

Nae mair we hear the lipper o the water,
Only the dunsh o ice-floes scruntin by;
Floes that in the noon-day gloamin licht
Are lily leafs upon my lochan dubh.
But nae bricht lily-flouer delytes the ee,
Nae divin bird diverts amang the leafs,
Nae sea-bird to convoy us on our gait.
In ilka deid-lown airt smools Davy Jones,
Ice-tangle marline spikes o fingers gleg
To claught the bodies o unwary sailors
And hike them doun to stap intil his kist.
Whiles "Arctic reek" taks on the orra shapes
O ghaistly ships-o-war athort our gait,
Garrin us rin ram-stam to action stations
Then see them melt awa intil the air.

Owre lang this trauchle lasts throu seas o daith,
Wi ne'er a sign o welcome at the port,
Nae "Libertymen fall in!" to cheer our herts,
But sullen sentries at the jetty-heid
And leesome-lanesome waitin at our birth.

At length we turn about and sail for hame,
Back throu rouch seas, throu ice and snaw and sleet,
Hirdin the draigelt remnant o our flock
Bieldin them weel frae skaith o enemie.
But southwart noo we airt intil the licht
Leavin the perils o the Arctic nicht.

A BACKWARD LOOK

There was a skifter o snaw on the hills
And a glaister o ice on the craigs
As arles for the winter to come
Thon day at the year's backend
Whan a laich sun lichtit the clouds
And our hopes o the future were hie.

But the arles was gey dear bocht
And the winter was ill to thole
For the promise o licht cam to nocht.
We mislippened the glimmer o hope
And smoored in the snawdrift o time.

SIC TRANSIT GLORIA MUNDI

On viewing the remains of a clerical dignitary in a medieval grave at Whithorn Priory.

Ay, ye were a braw chiel aince!
Gowd ring on your fingur,
Jewelled cleik to hird your flock,
Nae dout a braw singer
When ye weet your whustle at the mass wi
Wine frae a siller-gilt tassie.

And look at ye nou!
Sax centuries and the wecht
O sax fute o mools hae wrocht
A bonnie transformation
That haurdly suits your station.
Crozier crookit and scruntit,
Chalice and paten duntit,
Hause-bane dwynit,
Harn-pan crynit,
Your chaft-blade ajee
Juist like a Campbell's.
But that couldna be!
In Candida Casa a Campbell
Has never held the see.

And thon chiel frae the Meenistry,
Thon archaeological resurrectionist,
He'll meisure ye in your kist
And take a likeness of ye
Wi infra-reid, or aiblins
Ultra-violet ye.
The scientists syne will get ye
Wi gaga-counter vet ye,
Jalousin what's your age.
In jaurs they'll catalyse ye
Ettlin to analyse ye,
Sin that's nou aa the rage.

Syne when ye're tabulatit,
Recordit, and debatit,
And richtly written doun,
They'll set ye in a case
In thon Museum place
In Edinburgh Toun.
The folk that hear your fame
Will come on holiedays
And dress't in Sabbath claes
Mind ye on aulden days
And gar ye feel at hame.

SCOTS WOOIN

Our bed was bracken and our lamp the mune,
Yours was nae couch whar Sheba micht recline.
Scant was your need for jewels or satins fine,
Your een were diamonds, silken-smooth your skin.
A dyke our bield, our music was a linn;
For perfume, sweet bog-myrtle; and the pine
Trees stude like sentries in a line,
Their bonnets shogglin in the snell east win'.

Yet nae sic yirdy things were in my thocht.
What tho the nicht was cauld and you ill-cled?
I fand that thing philosophers hae socht
As vainly as a sparrow hunts a gled.
Fairheid and licht and time and space were nocht,
The universe was bounded by my plaid.

WILD ROSE

Sweet wild rose that grew in a westren airt,
Forevir will I mind that blessit hour
Ye gently twined your ruits about my hert
The while I preed the fragrance o your flouer.

IN GLEN SANNOX

I lay on my back in Glen Sannox
At peace wi aa the warl,
Beekin mysel in the sunshine,
Feelin a gallus carle.

The rig o Cioch na h-Oighe
Like a jaggy-thistle leaf
Sprauchelt athort the lift,
Ramgunshoch ayont belief.

Touer and turret and block,
Flinder and spike and spear
Sindert frae mither rock
Wi the frosts o monie a year.

And I begoud to threip
That an orra shape we saw
Could never be a man
For it lookit unco smaa.

I raxt me owre the spy-gless
(For siccar I meant to be)
When a chiel clamb owre the heid
O the shape I thocht owre wee.

Man, but I was doucent,
And rais a wycer carle,
Kennin that man's as naethin
In the bigness o the warl.

EAGLE EYE VIEW

My mind an eagle soarin
In the lift, surveys the Yirth,
And clearly I can see
Juist what man's wark is worth.

Man's wark looks big in the glen,
A ferlie for aa to see,
But seen frae awa up there
It seems by-ordnar wee.

Man's bings are midge-bites on
The belly o the plain
That sune will mowlder doun
Wi snaw and frost and rain.

Pipe-tracks and roads and pylons
The papers caad a disgrace
Are nocht but an aimless doodlin
On a michty country's face,

That never will compete
Wi scaurs on a mountainside
Or the Parallel Roads o Glen Roy
Or the wastes laid bare by the tide.

And the muckle concrete dams
That the Hydro Board decreed
Are nocht but feckless scartins
O a cock on a midden-heid.

That'll ser' their wee short hour
While a new-fund pouer comes syne,
And lichen and moss'll gie rute
To rowan and birk and pine.

Till in countless years to come
Wise men'll threip and thraw
On the pre-historic folk
That biggit this anterin waa.

COWAN'S CROFT

*An unlikely story, suggested by the names of the Border Hills
as given on the Ordnance Survey map.*

Three Brethren at e'en cam to *Cowan's Croft*
And *Threep Head* at the wife to tak them in.
Says she, "It's to *Porridge Cairn* ye soud gang,
For there's nae meal left in the *Meikle Bin*.
Sin' *Brown Dod* played on the *Witchie Knowe*
And the *Hart Fell* deid on *Hunter's Hill*.
It's been *Hungry Law* for the Cowan kind
And *The Wiss* has wrocht us aa this ill.
For the *Wedder Lairs* in *Drowning Dubs,*
Jock's Shoulder is bad, *Meg's Shank*'ll bide,
Our servin-lass *Tinto* her *Hopekist Rig*
And *Bareback Knowe* she maun be for a bride.
The gudeman lies *Dead Side* a *Mossy Rig*
His *Cauld Face* drawn and his *White Craig* bare,
The Pike atween his *Muckle Knees*
Wi a *Whiteside Edge* to his raven hair.
Yet frae the *Laird's Seat* in the neiborin glen
There's never *The Scrape* o an *Ettrick Pen*.

TRUTH

Trith is lang-socht-for,
Trith seldom is seen,
Nae mair nor an inklin
To onie man's gien.

Yet I've had a glisk o't,
I've kent it was there
In lift and in ocean
On mountain and muir.

Trith is a hill-burn
Heard gurlin in mirk
'Neath the stanes and the moss
In a heich mountain lirk,
That kythes for a wee
In a bed o green fog,
Syne is gane to leave nocht
But its sang in your lug.

And Trith's like a lily
On a lane lochan dubh
That eggs on the seeker
To grup it and pou,
But juist as ye rax
Your airm out to seize,
It's awa . . . and ye sink
In a black moss o lies.

Trith glents throu a slap
In the dyke o Thocht
As the Isles were to me
In a sunblink brocht,
When in Coire Mhic Fhearchair
The mist broke a wee
And they lay there like gowd
In an emerant sea
To be blottit frae sicht
In the blink o an ee,
And leave nocht but the mist
And the bare rock, and me.

BROCKEN SPECTRE

Aince on the croun o Bidean,
Wi a watery sun in the wast,
I saw a wraith on the rouk there
That gied me the key at last.

For there on the mist ablow me
As I stude on the heichmaist cairn,
I saw a ghaistly shadow
That gart me gowp like a bairn.

A shadow long-shankit and ugsome,
But happt in a bruch sae braw
That aside it the weather-gaw's colours
Seemed dowf as the underfit snaw.

That shadow long-shankit and ugsome
Was like "Arctic reek" on the sea.
I midged; and the shadow moved wi me
And I kent that the shadow was me.

I raxt out my ice-aix abune me
And aa was as clear as day.
I saw mysel as Skarphedinn
As he lap owre the Fleet to the fray.

I saw mysel as Skarphedinn
And I kent that the hills were mine
Sin the blude o my Norse forebears
Melled the mountain dew and the brine.

EFTER-THOCHT

Am I no maybe sib to them
    That refaised a tyrant's fee
And reenged the seas to find a hame
    Whar they wad still be free?

Did we no gang frae hill and glen
    To fecht upon the sea
That wife and weans micht never ken
    A dictator's tyrannie.

"What gart ye jine the navy, Jock?"
    My faither was a sodger.
He spak eneuch o Flanders glaur
    To mak me be a dodger.

I lippent on a warm dry bed,
    My baccy and my rum,
A cleanly daith and a watery grave
    Gif Davy Jones soud come.

I little thocht to doss me doun
    In a craft sae smaa and frail,
Wi hammock slung ablow a deck
    That leaks like the Grey Mear's Tail.

And little I thocht to be lockit in
    A magazine like a jyle,
Or end my days in the chokin clart
    O a sea befylt wi ile.

SAILOR'S GRAVE

Why bide ye by the sea, lassie?
Why bide ye by the sea?
"O I am come to meet my luve
That's comin hame to me."

O walawae for ye, lassie,
Walawae for ye.
We needna wait on him, lassie,
Your luve nae mair ye'll see.

Your luve lies by a skerrie side
Droukit wi saut sea-faem.
A cauld corp 'mang busteous waves
Can never mair win hame.

He has nae need for the deid-cowp, lass,
Nor yet the betheral's spade.
The gutsy sea-maw pykit his een,
The partan his chaft-blade.

Sae walawae for your luve, lassie,
Walawae for your man.
He's nocht but a rickle o rottin banes
And a toom harn-pan.

"A-a-all the starboard watch!"
"Shairly no again!
What's the wather like?"
"Cauld, wi sleet and rain."

"Lofty. Depth-charge sentry.
Knocker. You're stand-by.
Haggis. On the gun.
Shorty. Make some ky.

. . . Watch is all closed up, sir."
"Keep a good look-out.
Latest wireless signal
Says Jerry is about."

. . . "Echo two-three-five!"
"What's it sound like, Ping?"
"Could be a sub, sor."
"Good show. Hold the thing."

. . . "What's it doing now, Ping?"
"Moving roight a bit."
"OK. Action stations.
Subby, press that tit!"

Clatter, clatter, dunt.
Seaboots on the deck.
"Batten down all hatches."
"Wot the bleeding 'eck?"

"Steady as you go."
"Ay-ay, sir, she's steady."
"Charges cleared away,
Depths all set and ready."

"Instant echoes now, sor."
"Here we go then, squire.
I'm laying even money.
Depth charges! Stand by! Fire!"

Plop, bang, plop.
No a whisper noo,
Waitin on the WOWF
That'll gie the ship a grue.

"Christ, that was a beezer.
I wonder if we got her."
"I shouldn't be . . . look you
There's wreckage on the water."

"Out scrambling nets.
Away sea-boat's crew.
To prove we've had a kill
We'll want a bod or two."

"Aircraft green two-oh!"
"Blast this bludy swell."
"Here comes Jerry now."
"Gie the bastard hell."

"Strafing 'is own matlows.
Mikes you blooming fink."
"If that's the way they want it
We'll let the bastards sink."

SUN WORSHIP

Sailin south to Iceland
Out o the Arctic nicht
We saw the snaw-capped mountains
Alowe wi a rosy licht,
And I mindit a nicht in Glendochart
On a climbin ploy langsyne
When the alpenglow speeled liftwards
As the licht begoud to dwine.

But here the lowe smooled yirdlins,
Syne claucht the maintruck fast
And a million starns were refleckit
In the ice-encrustit mast
As the leme cam soopin dounwards
To licht upon the seas
And thow our bitter herts
In its life-restorin bleeze.

Ilk sailorman aboard us
Cam up to see the shaw,
Cam up to see the ferlie
O the lift's bricht burnin baa;
Nae dout some chiels in Valhalla
Look't doun and thocht it odd
That a hantle o Christian sailors
Were worshippin their god.

IN DARKEST DAYS

In darkest days o dreidfu strife
I dandered owre a norland muir
Seekin a sign gif sap o life
Aye dwalt amang the bleakness there.

Syne in a dern and craigie howe
Whar scruntit willow fand a bield
I saw gowd catkins all alowe
And kent the free wad never yield.

WINTER PROSPECT

Dark and dun, dark and dun,
And ne'er a hint o green.
But growth o gress will brichten aa
Or Aprile's come and been.

Bleak and bare, bleak and bare,
Wi nocht but mools and stane,
But gowden corn will cleed the yird
Or hairst has been and gane.

Wauf and wae, wauf and wae,
And wearifu am I.
But shairly gledness will return
Or Simmer's gane and by.

FULMAR

Mallie, in your garb o hodden grey,
Skimmin owre crest and trouch on tireless wing,
Maister o air and wind, o sea and spray,
Intil thir birdless waterwastes ye bring
A souch o life, as wi your gleg set ee
Ye look me straucht, and mind me o the day
A Sunderland flew eident owre the sea
Seekin a raft whar broken sailors lay,
And by its rhythmic blinkin to us then
Brocht hope o life to sair-forfochen men.

THE TWA REEKIES

Ane ingolf, seekin land and libertie,
Aince coost upon the goustrous northern seas
His houshald gods, that floatit back and fore
Syne landit in a bieldit reekie bay
Whar vapours frae the very hert o Yirth
Spew up to be a signal to aa men.
And aye sinsyne wind-weary wanderers
In Viking longship farin wast-owre-sea
Hae seen the welcome reek o Reykavik
And socht a haven frae the wind-torn waves.

Sleep-hungry een o seamen, back frae seas
Whar sleekit tin-fish soom and fire-birds send
Daith-dealin eggs amang the fleet o ships,
Hae raxt their sicht to tak their vessels throu
The haar that haps the waters o the Forth
And blythesome seen anither haar rise up
Frae lums abune Auld Reekie whar she lies
Speldered ablow the basalt cliffs and craigs,
Her birse o spires defiant in the air,
And kent that here was herbour,
      Hame,
          And sleep.

O I hae stude at nicht on the fo'c'sleheid,
The lift alowe wi the dancin Northern Lichts,
And the sea-fire's lilly-leme in the lown water
Was shairly sib to the flauchterin licht abune.
Iron deck and hull, the sleepin men ablow,
The eident watch, the stounding o the engines
Had juist as well no been for aa I kent.
There in that unco licht I was alane
(Like gif I'd been upon a mountain tap)
Coost back in time and sailin on a sea
That hadna muckle cheynged sin seas were made.
Could men gang tyauvin on agin sic odds,
Or wad we aa gang doun afore the end?
Syne, glentin doun at our fore-fit I saw
A pellock racin on afore the ship,
Tail to our stem, and ettlin aye to keep
Its station on the course that we had set.
Syne it was gane, but swippert in its place
Anither pellock raced whar it had been.
And sae the ploy gaed on; anither, syne
Anither pellock cam to bear the gree.
Sae wad it be wi men, and at the end
We'd warsle throu.

PURPLE SAXIFRAGE

Aneath a hap o snaw it derns
Deep in a dwam for maist the year
To burst throu in a bleeze o starns
Syne skail its flourish on the stour.

Gif I had ae short simmer o sang
Wi hauf the beauty o thon flouer
In the snaw o eild I'd hap my tongue
And haud my wheest for evermair.

AT HOUSESTEADS CRAIG

Romans baid in steel-graithed state
Three hunder year, syne gaed their gait
Trauchled by hordes o wee dark men
Skailin frae their native glen.

A thousand year hae passed and mair,
Eagles nae langer cleave the air.
But native jaikies flie at will
Unchallenged residenters still.

INDUSTRIAL SCENE

Roosty graith o a deid pit-heid
Whar man has rypit the benmaist yird
O the warmin growthe o a million year
And biggit a bing o the mowlderin redd.

A chokit canal that has ser'd its time
Mirrors a lowrie lift and hauds
In its cauld bleck ice the angry clouds
And the redd that was howked frae this auld Yirth's wame.

But ae blink o sun gars the rosehips gleam
Whar a tangle o briers is cleedin the grun,
To mind me a wee o the beauty that's gane
And gie me a glisk o the splendour to come.

GLORIA IN EXCELSIS

Man's chief end is to glorify God
And to enjoy Him forever.
Sae reads the text abune the door
O the auld kirk by the river.

But what for ettle to enjoy
A tryst wi a boukless God?
I'll lie the nicht wi a strappin lass
In a howe o the muirland road.

There in the nicht we'll be as ane,
I spirit and flesh we'll mell.
And there's nae need to glorify
A glory in hersel.

MOUNTAIN PULE

I saw ferlies in thon mountain pule.
Its deeps I couldna faddom, but I kent
Ilk drap o water in its shadowy mass
Begoud as crystal on a slender stem
Heich on the mountainside, syne wi its peers
Whummelt owre craigs, mellin wi licht and air
Afore it settled in thon lownsome place.

Sae wi your mind. The deeps o thocht that dern
Intil't I'll never faddom, but whiles there kythes
Ayont your smile the dew that kittles up
And nourishes my spreit as thon deep pule
Sustained amang the stanes a gowden flouer.

VIVAT GLENLIVAT

Slainte mhor, Minmore!
Uisgebeatha's spiritual hame
Weill ye deserve all fame.
Lang may your lum blaw reik;
Connoisseurs come to seek
Dew o the mountain
Here at its fountain.
                    Vivat Glenlivat.

Burn fed by mountain spring
Water o life can bring,
Peat frae the heather muir
Gies maut its flavour rare,
Barley frae Moray Plain
Turns liquid gowd again.
                    Vivat Glenlivat.

Pot still o barley bree
Under maist watchfu ee
Tended by cannie men
Distilled perfection then
In sherry cask matured
Speerit sublime ensured.
                    Vivat Glenlivat.

Skill 'tis that gies her real
Flavour to savour weill.
Speerit the maist select
Kittles the intellect.
Warmth throu the body flows,
Brings to the mind repose.
                    Vivat Glenlivat.

Slainte mhor, Minmore.
Vivat Glenlivat.

IN THE KIRKYAIRD

Hodie mihi cras tibi.
That's what it says on a nearby stane.
But it was *you* the day, and mebbe
It'll be me the morn.
But I canna thole the black that's worn
By the murners there, nor the meenister's prayer
And adulation o the deceased.
Gif I hadna kent ye I'd hae jaloused
You'd been a sanct, no ane that boused
And likit the wemen, like onie human.
I dinna fancy bein smoored
In the mools when I come to cowp the creels,
And my stamack turns at the thocht o the worms.
Forby it's a waste o gude manure
On grund that yields nocht but a scattered shouer
O granite heidstanes for a crap.

Cremation isna muckle better.
At least the murners, young and auld,
(The chaipel bein some thing hetter)
Winna get their daith o cauld,
And mebbe roastin by masel
Will heft me for a stent in hell.
But what's the yuis o a pickle ase
Preservit in a handsome vase?

I ken! I'll dae without a box
And help the heirs o Doctor Knox.
My corp can ser to bouk the knowledge
O medicos in Edinburgh College.
'Twad tickle me to daith to see
The Professor o Anatomie
Hing out his wee black brod to say
Sectio cadaveris hodie.

TRANSLATIONS FROM FRENCH AND GERMAN

ELEGY ON THE DEPAIRTURE O MARY QUEEN O SCOTS
ON HER RETOUR TIL HER KINRICK O SCOTLAND
From the French of Pierre de Ronsard

Like a braw meedow rypit o its flouers
Like a pentin deprivit o its colours
Like the lift when it has tint its stars,
The sea, its waters; the ship, sails and spars,
Like a field laid bare when they've gethert the corn
Or a wuid whase leafy green mantle is shorn,
Or a ring that has tint its precious stane,
Juist sae a doilsome France sall tine
Her ornament and beauty bricht,
Her flouer, her colour, and her licht.

Dour Fortune, traitorous and felloun,
Truly the dochter o a lion,
Your tiger claws can gar us smert
I dout that ye maun want a hert
Sicwyse to use our bonnie Queen.

When she was but a breist-fed wean
Ye weirdit her to dule and wae
When on her minnie's lap she lay
And garred her mither bield her in
A place the English wadna fin'.
Fresh frae the cradle, still a bairn
Ye set her on a ship, sea-farin
Forsakin her mither, her land o birth
And croun, to dwall on France's yirth.
'Twas then ye had a cheynge o hert
Ettlin to play a gentler pairt
(A maist unsiccar gait ye've trod)

Ye took thon orphan frae abroad
And had her on our Dauphin merrit
That wad the croun a France inherit.
Syne, hertless Fortune, when ye fand
She had great honour in the land
Ye killed her man, aged but saxteen,
As in a gairden may be seen
A lily die when teemin rain
Cleaves its wearie powe in twain
Or as in simmer heat the rose
By gloamin time nae langer glows,
Ilk coloured petal's blude is shed
And leaf by leaf faas withered.

His braw young wife, wi grief gane gyte
Eftir his daith fand nae delyte
And like, in the wuid, the wedowed doo
That's tint her mate sae leal and true
And never will seek anither sire
Sin daith has murthert her desire
She sits in leafy glade nae mair,
Nae mair her voice sings sweet and clear,
In dern far ben the wuid she bides
And til the trees her dule confides.
There she kythes in grief and pain
And on a weazand trunk maks maen.

Fortune, ye wrocht owre muckle skaith
Devisin sic a piteous daith;
Ye needna brocht to her estait

A rowth o wrangs and war and hate
And gart her kinrick he invadit
Afore it was by sects dividit.

Gif the fury o your hands, sae cruel,
Has sic pouer owre things beautiful,
Gif aa the virtue, pitie, gudeness,
Douceness melled intil demureness,
Sanctlike weys and puritie
Didna resist your cruel envie,
Let's hope in our humanitie,
Nocht waur arise nor vanitie.
Hevin doesna bliss us aye wi smiles
But thunders doun its anger whiles
Juist as ye mar the ploys and sport
O the braw leddies o the court;
They that soud hae the pride and pouer
Canna withstand that dreid dolour.
Nor will ye, Fortune, be content
Wi ploys and pliskies to torment,
Ye'd reive us o our noble dame.
Ye pit the vera starns to shame
To tak this aipple o our ee
And cast her on the stormy sea.
Wad cliff rax owre to cliff in band
And gar the sea become dry land
And stop the ship that wad convoy
Our pride, our comfort, and our joy.
This honorit beauty o our time
Beluvit in palace and humble hame.

Och, Scotland, I could wish that ye
To wander hyne awa were free,
Your anchor tows that haud sae strang,
Wad ye could brek them lowse and gang
Randily vaigin, raff and ree
Like mallie skimmin owre the sea
To vanish frae our ken afore
The tardy ship can win your shore
Sae that ye never sall sustein
Within her realm your bonnie Queen.
Syne sall she, seekin ye in vain
Mak her retour to France again
To bide in her duchy o Touraine.
Frae rowth o sangs I'll nocht refrain
But in my verses praise her lang
And like a swan I'll die in sang.
Her beauty then sall be my theme
Her daithless virtues sing supreme
Where nou, on viewin her depairt
I sing o nocht but dule and smert.

Come, Elegie, in garment black,
On heichest craig your stance to tak,
Flie hyne awa frae haunts o men
Seek forests far ayont their ken
Amang the waters sing your plaint
Tell to the winds I lately tint
A Maistress and a pearl o price
Patron o virtuous men and wyce.
Divine rare Marguerite, poets' joy
Nou merrit and in far Savoy
—And nou I've tint a Queen sae rare
My verse sall weep for evermair.

TO DAITH
From the German of Gerrit Engelke

Spare me a wee while, Daith,
The fire o youtheid's in my braith
My lowsin-time is still afar
The future aye is rowed in haar
    Sae spare me yet, oh Daith.

But come back later, Daith,
When, life sair dune, nae langer laith,
Wi my forfochen hert aa spent,
The warld will tak o me nae tent.
    Come then, and tak me, Daith.

WARLD'S END
From the German of Else Lasker-Schüler

There's greetin owre the warld, ana,
As gif the Lord's deid like the lave;
The leiden shadows that dounfaa
    Lie lourd's the grave.

Let us dern amang the mist.
Life lies still in ilka hert
    As in a deid-kist.

Come, gie a lang last kiss to me.
A wanrest's shogglin at the warld
    And we maun die.

SONNET
From the German of Paul Heyse

Sweet as the caller air at screich o day
Oh bonnie was the time when she was here!
By her voice, like laverocks' siller cheepin clear,
The shadows o this life were flegged awa;
And like the haughs, happed up in mystery
When gloamin faas, was she. A dulesome tear
Maks braw the cheery notes o sangs owre dear
And our ain joy was hichtened by her wae.

And nou she's gane, and yirked aff is the veil.
It is bricht day, and quate, in here, but sune
The darknin comes, and wi't the nichtingale.
For nocht! The very Muse ettles to win
The sound o her dear voice. Ach e'en the wale
O's hain a langin for the laverock's tune.

THE WEE BIRDIE

Es flog ein kleins Waldvögelein. Anon. 16th century.

A wee, wee birdie flew its lane
Up til its true-luve's winda-pane.
It chappit cannie on the gless:
"Get up, get up, my true luve,
Get up and lat me in
For I've been lang a-fleein
That your will micht be dune."

"Gif ye've sae lang been fleein
That my will micht be dune,
Come back again at mid-nicht
And I sall lat ye in.
Than I sall bield ye frae the cauld
And, happit up sae snod,
I'll kindly ye enfauld."

THE RING

Bald gras ich am Neckar, bald gras ich am Rhein.
19th century folksong.

I maw hey in Avon, I maw hey in Clyde,
I aince had a sweethert but she wadna bide.

What guid is my mawin gif the heuk isna keen?
What guid is a sweethert when frae me she's gane?

And sin I bood maw still in Avon and Clyde
I flang my gowd ring intil the swift tide.

It rowed doun the Avon, it rowed doun the Clyde,
It soomed in the deep sea and there it did bide.

It soomed there, the gowd ring, till ett by a cod;
That codlin was serred to the Kieng at his brod.

The Kieng bood to speir, whase ring could that be?
My sweethert spak up: "The ring belangs me."

My sweethert cam stourin owre hill and throu shaw
To bring back to me that gowd ring sae braw.

"Ye can mak hey in Avon, and mak hey in Clyde
But dinna ye daur throw your ring on the tide."

AA MY THOCHTS
All mein Gedanken. Bavarian folksong, c. 1460.

Aa the thochts that eir I hae, are thochts o ye.
My ane and only solace, be ye aye true to me!
Ye, ay, ye, soud hain me in your hert.
Gif I had my dearest wish
We twa wad never ever pairt.

My ane and only solace, think ye on this, my ain,
My life and gear will aye be yours alane to hain.
Yours, ay, yours, sall I forever be,
Ye are my smeddum and my joy,
Frae sorrow ye can make me free.

GIN I WERE A BIRD
Wenn ich ein Vöglein wär. Anon. 18th century.

Gin I were a bird
And had o wings a pair
I'd flie to ye.
But sin I canna flie
I maun bide here.

But tho I'm hyne frae ye
I dream I lye wi ye
And whisper til 'ee.
But when I wauken up
I'm here my lane.

And ilk hour in the nicht
My hert awauks and thinks
And thinks o ye.
Your hert a thousand times
Was hecht to me.

THE FORHOUIT LASS
Das verlassene Mägdlein by Eduard Mörike

At cock-craw I rise frae bed
Or the sterns dwinnle.
The range is to redd
The fire to kennle.

Brawlie the flames nou draw
Gleids up the lum
My thochts are far awa
I feel gey glum.

Suddent it comes to me,
My fause-luver laddie,
Last nicht I dreamed o ye
Sadly, sae sadly.

Tears upon tears dounfaa,
I greet owre lang;
New day is at the daw—
I wish it wad gang!

I HARD THE CORNHEUK
Ich hört die Sichelein rauschen. Anon. 16th century.

I hard the cornheuk reeshlin,
Reeshlin slaw and sad.
I hard a lass compleenin
That she had tint her lad.

"Lat reeshle, lass, lat reeshle,
I carena hou it gaes.
I've gotten me a sweethert
Amang the flouery braes."

"Oh ye may hae a sweethert
Amang the flouery braes,
But I am left my lane
And och! my hert is wae."

RHINE WINE
Wein, Wein von dem Rhein. Anon. 15th century.

Wine, wine frae the Rhine,
Pure, clear, and fine,
Skinklin wi hue divine
As crystal and rubies shine.
Ye are guid medecine
For dool. A waucht frae the byne
Brings cheeks like cramoisie, Kathryne.
Faes become freins in wine
Like monks o Augustine
And nuns o the Beguine.
Wine eases care and pyne
And syne
Lallans and Latin baith they tine!

YESTREEN I DREAMED

Ich hab die Nacht getraümet. Anon. 19th century.

Yestreen I dreamed a dream
A dream was ill to dree;
There grew intil my gairden
A tree o the rosemarie.

A kirkyaird was my gairden
A grave my bed o flouers,
And frae the green tree's brainches
The flourish fell in shouers.

In a gowden bowl I gethert
What flourish I could hain;
The bowl slipped frae my fingers
And smashed upon a stane.

There saw I pearls skailin
And draps o bluid sae reid.
What can my dream betoken?
My dearie, are ye deid?

SNAW
Est ist ein Schnee gefallen. Anon. 16th century.

It's snawin cats and dugs,
Winter's owre early,
Hailstanes blatter my lugs
The road is smoorit fairly.

My gavel-end is sindert
My hous has growne auld
My ruif-tree is nou flindert
My room is owre cauld.

Ach lassie, show some pitie,
I'm dowie, and I pyne.
Tak me to your hert
And fleg the winter hyne.

MY MITHER LOES NA ME
Mei Mutter mag mi net. Swabian 19th century.

My Mither loes na me,
Sweethert hae I nane.
Gif only I wad die!
Och why am I no taen?

Yestreen when at the Fair
There's nane had een for me.
I canna sing nor dance
Sae fell's my miserie.

Lat thae three roses be
That flourish by the cross.
Och kent ye na the lass
That lyes aneth the moss?

TWA BAVARIAN FOLK-SANGS
20th century.

Deandl, geh ans Fenster her.

My dearie, come to the winnock
My lane it's drearie wark.
Gif ye hae tint your goun
I'll tak ye in your sark.

"Och, get ye frae my winnock.
What thochts are in your mynd?
Gif ye were hauf a man
Ye'd won in here langsyne!"

Wann's bumbert in Kammerl.

Whan there dunts frae my chawmer
My mither will flyte.
I say "That was the cat!"
She says "Houts!
Puss-in-boots?"

TRANSLATIONS FROM MEDIEVAL LATIN

Anonymous poems from Carmina Burana

GUID WINE
Vinum bonum

Best o wine is drunk by abbot
Wi the prior as is his habit
While the brithers look sae crabbit,
    Wersh the wine that is their weird.

Hail, ye happy heivinly cratur
Produce o the pure vine's natur
When ye're present in the frater
    Standin stieve is ilka brod.

Lucky is the kyte ye've stocken
Lucky whatsae-e'er ye drocken
Lucky is the tongue ye slocken,
    Blessit lips your praises sing.

Blessit is the warmth engenderit
Loweand is the heat ye kendlit
Pleisand is the taste ye blendit
    Doucely bondit to the tongue.

Let us pray: that wine's ne'er scanty
Tongues be lowsed and talk be cantie
Voices sing in meisures jaunty
    Joyful music fill the air.

Monks in band for God's devotion
Clerics wi their haly lotion
All should drink an equal potion
    Here on Yird and evermair.

DRINK UP YOUR DRAM
Iam lucis

Nou the winter sun is sinkin
We maun buckle til our drinkin:
Let us drink, ilk drouthie chiel,
Syne drink again uncommon weel.

Wha-sae-e'er wad be my brither
Drink first ae dram, syne anither.
Drink until your thrapples soom
Drink until the barrel's tuim.

Drink up mistress, drink up knave,
Drink up maister, drink up slave,
Drink up early, drink up late,
Late nane at drinkin e'er be blate.

Here's to aa the bousin core,
To time-served men, men taen in war.
To haly pape and men o state
I sall drink my reamer nate.

This then I sall state for truith:
He that winna slock his drouth
Is past redemption, to my mynd,
For drink's the sainin o mankind.

A guid-gaun nicht-lang bousin splore
Is aye a maist triumphant gloir—
E'en tho the lawin should be hie
And tholed til aa eternitie.

THE GANGREL SCHOLARS
Puri Bacchi meritum

Wha sings the worth o wine
Will find that me and mine
Sall never minjie be
But let the wine rin free.
I loe strang liquor
And tuim the bicker,
There's nocht mair siccar
To slock my thrapple.

Let us no be blate
But dicht anew the sclate.
We gamblers fecht as weel
As onie sodger chiel.
When luck I've wantit
I've ne'er been dauntit
But bare back flauntit
Juist like my fieres.

He'll ne'er be o our kind
That canna cheynge his mynd.
Ye need a cheery hert
To play the gangrel pairt,
Never worriet
Fasht or hurriet
Back and forrit
Around the warld.

IN THE TAVERN
In taberna quando sumus

When in the tavern wi the lave
We never think upon the grave
But haste to jine the gamblin schule
In hopes our scanty pokes to fill.
Whatever happens at an inn
The cunzie's aye the great king-pin,
And gif ye speir what's on the day
Ye'll tak guid tent o what I say:

Some tak drink and some throw dice,
Some daff wi cronies o their chyce,
But he that swithers in his play
Will shuirly tine his sark the day.
Some are cled in shiftin-claes
Tho some weir seck-claith aa their days.
For Daith there's nane here gie a docken—
They dice for wine their drouth to slocken.

They drink to wine that's rich and reid,
Fit by freemen to be preed,
Neist to prisoners that were taen,
Syne them that leeve to fecht again,
Fowrth, folliers o the Christian creed,
And fiftly toast the faithfu deid,
Saxt, the sisters and fause freirs,
Sevinth, the sodgers frae the weirs.

Eicht, the brithers gane agley,
Ninth, the monkish missionary,
Tenth, the sailors o the sea,
Elevinth the chiels that threip wi ye,
Twalth the pilgrims on the road,
Thirteenth, ambassadors abroad.
Let aa men drink athout deval
To pape and king and rulers all.

The maister and the mistress drink
Sodgers' and clerics' glesses clink,
There's drinking but, there's drinking ben,
The quines drink wi the servin men.
The eident drink, the dowf ana
Wi scholar and wi Johnie Raw,
White or bleck, it's aa the same
To gangrel and to bide-at-hame.

Here drink the rich men and the puir
Weel-kent and humble drink their share,
The bodach drinks, the boy nae less,
Prelate and priest cowp gless for gless,
Tittie can drink as weel's her brither,
Auld wife and mither drink thegither.
And garrin time gae by the quicker,
Hunders, aye thousands, tuim the bicker.

But siller doesna last for aye!
Nae wonder when we see the wey
Our drouthie chiels can tuim a gill
When drinkin wi a herty will.
And may the folk that pyke us clean
And leave us aa without a bean
Be o their ill-got walth deprived
And ne'er amang the JUST descryved.

COME ALL YE BOOZERS
Potatores exquisiti

Herk ye, wale o boozers aa!
Drinkin's no agin the law,
Ye may sup until ye staw.
The bowl should never empty be
    For want o liquor.
And let your crack rin gleg and free,
    Lively and siccar.

Ye that canna tak a dram
Frae this table rise and scram,
This is nae place for namby-pam.
Teuchter feardie-gowks inside
    Are ye, and we
Bauld drinkin fellas canna bide
    A man T.T.

Gif onie smool in here to dine
That relish water mair nor wine,
Let them betak theirsels far hyne.
Herrie them out, show them the door,
Auld Daith's mair welcome in this core
    Nor is their kynd.
We'll ne'er, when they hae left our splore
    Keep them in mynd.

When guid luck sets ye in the Chair
Ye may drink athout compear;
Your legs may shoggle, never fear!
Ye mebbe canna speak or think
    Wi due decorum.
What odds? Sae lang as ye can drink
    A muckle jorum.

OCHONE-OCHRIE
Circa mea pectora

Within my breist are sighs and care
Because your fairheid hurts me sair.

Ochone-ochrie, ochone-ochrie!
My dearie winna come to me.

Your een shine like the sunbeam's licht
And brichten up the darkest nicht.

Ochone-ochrie, ochone-ochrie!
My dearie winna come to me.

Wad God had granted me the pouer
To win the prize o her maiden-flouer!

Ochone-ochrie, ochone-ochrie!
My dearie winna come to me.

LUVE IS AAWHERE
Amor volat undique

Luve ye'll finnd in ilka airt,
Passion swells in ilka hert,
Youthheid is the time for loe-in,
Lads and lasses jined in wooin.

A lass forhouit by her jo
Has nocht o smilin joy to show.
Deep in her breist and out o sicht
Bides aa the blackness o the nicht.

That's the hert-break o't.

THE NUN'S LAMENT
Plangist nonna fletibus

A nun is sabbin sairly,
She'd deave ye wi her granes,
As girnin, greetin rarely,
She says ontil her freins:
    "Wae's me!
Nocht could e'er be waur
    Nor sic a life;
I'd raither be a hure
    Or randy wife.

I jow the haly bell,
O psalms I tell my stent.
I'm waukent in my cell
Wi radgie dreams fair spent
    (Wae's me!)
To nicht-lang vigil keep
    Och sae sweirly,
When wi a man I'd sleep
    Baith late and early."

LUVE O A LASS
Tempus est iocundum

Nou's the time for daffin
Aa ye lasses!
Come, my lads and jine them
Or youthheid passes.

To the luve o a lass
I aspire
Luve has my hert
Set on fire
Without my new luve
I'll expire.

Mavis there is singin
Sweet and clear.
My hert warms to hear her
Notes o cheer.

Flouer o aa the lasses
Ye're my treisure,
Rose o aa the roses,
Bringin pleisure.

When ye are by me
I am contentit
When ye are frae me
I'm fair dementit.

Wheesht your sang, mavis
For a wee
Its beauty is brekin
The hert o me.

Winter is dreary and seems
Lang to pass
But Spring re-awaukens
My luve for a lass.

Come nou and bide wi me,
Happy the day!
Come my bonnie lass
I loe ye sae.

To the luve o a lass, etc.

BALLANT
Floret silva nobilis

The wuid is braw wi simmer flouers,
Shady neuks and leafy bouers.

Where is my frein o days lang syne?

He has ridden yont and is hyne, far hyne.

Wha, oh wha will loe me nou?

In ilka airt the wuid's a-flouer.
I wad my luve were in my bouer.

In ilka airt the wuid is green.
Where, oh where has my luver gane?

He is hyne awa and owre the main.

Nou I hae nane to cry my ain!

MY WEIRD IS COMFORTED
Sic mea fata canendo solor

My weird is comforted by singin
Juist like a swan when Daith comes stingin,
Nae colour to my face is springin
But dolour in my breist is dingin,
    Care never crynin
    Smeddum fast dwynin
    Darg has me pynin.
In dool I dee
I dee, I dee, I dee
The while my luve cares nocht for me.

Gif she to my desire wad listen
I wadna caa the king my kizzen;
She'd share her bed and gie her blissin,
Her lips be mine alane for kissin.
    I'd meet Daith crousely
    Depairt life sprucely
    Submittin doucely
For sic employ
T'enjoy, enjoy, enjoy
And nocht could my delyte destroy.

While on her bosom I am thinkin
I wad my haund were there to sink in,
Frae pap to pap gae fondly linkin.
The thochts that throu my heid are jinkin!
    In shyness or shamin
    Her rosy mou's flamin.
    Alowe I am claimin
Her lips to pree
And pree and pree and pree
And leave my mark for aa to see.

THE GANGREL SCHOLARS' LAWS
Ordo noster prohibet

Our Order's laws forbid
That we should rise owre early
When bogles are about
To bother us richt sairly.
To gang or skreich o day
Engenders but fause vision—
The chiel that's up for Matins
Has shuirly tint his reason.

Our Order's laws prohibit
Us mair nor ae bit jaiket.
He that wins a plaidie
Should ne'er let it be craikit
He auchts baith sark and goun,
But liefer gang erse-nakit
And dice awa his breeks
To some puir sowl that's glaikit.

Nae gangrel in his trevels
Should warsle wi the wind
Nor mak a dowie face
Because he's aye been skinned,
But dander on in hope
Guid cheer will come the morrow
For Fate has aye ensured
That Joy will follow Sorrow.

BEGGIN SANG
Exsul ego clericus

A gangrel scholar, bred to wark,
I tyauve wi puirtuith's stour and cark.

I'd gledly at my lessons swat
But want o siller gars me quat.

My duddie claes are worn and auld
The air is snell, I sterve wi cauld.

At Mass, my service seems owre lang
I canna last out Evensang.

I beg ye'll gie sic help, Your Grace,
As fits your glory in this place.

Think on Sanct Martin! In his praise
Rig out this gangrel in new claes

That God to Heivin may cry ye up
And wi His blissins fill your cup.

THIR EVIL DAYS
Ecce torpet probitas

Honest is wede awa,
Guidness flees the land,
Open-handitness ana,
Grip-and-haud's at hand.
Fauseheid nou is bestin aa
Trith is seldom fand.

> Ilka bodie gecks at law.
> Geckin's but a step awa
> Frae brekin o the law ana.

Greed sits on the royal bink,
Greed is at the tiller,
Ilk lug cockit for the clink
O coins o gowd and siller.
Rowth o walth, smert Alecks think
Will help them droun the miller.

'Mang puir hard-warkin dacent folk
Giff-gaff maks guid freins;
A rich chiel wi a jinglin poke
Kens na what giff-gaff means
But dourly tholes the heavy yoke
O walth, and ne'er compleens.

> Geckin, brekin law the year
> Outrates mair honest ploys, I fear,
> Wi ilkane thrang at getherin gear.

STANZAS FROM THE ARCHPOET'S *CONFESSION*
Aestuans intrinsecus ira vehementi

Nou my birse is fairly up
In my breist I'm bilin.
Bitterness in my hert,
For a fecht I'm spylin!
Made o aerie mouswab stuff
I'm easy prey to fylin,
Tremmlin like an aspen leaf
At ilka wind's beguilin.

Gracious lord, I pray ye will
Herk to what I'm sayin.
When I dee I'll dee a daith
Gentle in the slayin.
Lasses' fairheid stounds my hert,
I carena what I'm daein,
Chawed in the flesh, at least my mynd
Can let my thochts gae strayin!

Maist uneasy is the darg
T'owrecome the caa o natur,
Keepin pure in thocht indeed
Wi sic a bonnie cratur!
Callants canna thole sic laws
Garrin them be blater.
In reach o comely youthfu limbs
Desire is aa the greater.

*

Gamblin I'm accused o neist
—Ye'll ne'er find me cheatin.
Even when I tine my sark
I'm no ane for greetin.
Frozen tho I be without,
Inwardly I'm sweitin
Makkin up my bonniest sangs,
Sangs that tak some beatin.

Third, the taverns come to mynd,
I can aye discern them,
Ne'er by me were they despised,
Never sall I spurn them
Till I see the angels come
(And I'll no be deterrin them)
Singin for depairted sauls
Requiem aeternam.

Listen till I tell ye this—
Pub's the place to dee in,
Rowth o wine at hand forby
Ready for my preein.
Choirs o angels cantie sing,
This is what they're sayin:
"Lord, look kindly on a drouth
Even when he's fleein."

Drammin sets me alowe,
Mynd is like the levin,
Hert when steeped in wine'll gang
Fleein up to Heivin.
Tavern wine is sweeter far,
Better in the prievin
Nor thon weeshie-washie stuff
Bishops ser at Even.

*

Here at the blissit prelate's throne,
O ye that want to try me,
Obey the rules laid doun by God
And I sall no defy ye,
But speir gif *ye* are free frae sin
When ettlin to decry me.
Let him that's guiltless cast the stane
—The Poet will no deny ye!

A DIALOGUE
Deus pater, adiuva

Help me Lord, our Father dear,
For Daith, i' faith, is unco near!
Gif the mornin I sall see
A haly monk I hecht to be.

Hurry, Father, come and sain me
Afore that Bogle, Daith, has taen me.
Spare a meenit juist to see me.
Whatna advice can ye gie me?

> *O my dearly beluvit, tell*
> *Me what ye'd like to dae yersel.*
> *Tak tent o yersel, as weel's ye micht,*
> *But dinna forsake me here the nicht.*

Brither, your lealty is maist meet.
I' faith it geylies gars me greet,
For ye'll be orphaned when I tak
The monkish habit on my back.

> *But bide a wee, haste na to gang,*
> *Three days o seikness isna lang.*
> *Aiblins this troublous deidly skaith*
> *Ye'll owrecome yet and stymie Daith.*

Sic grypin in my monieplies
Gars me utter wails and cries.
Because my mind wi douts is torn
I wonder gif I'll leeve til morn.

Shuirly in your sturt and strife
Ye little ken o monkish life.
They've little adae in braid daylicht
But keep lang vigil throu the nicht.

Wha vigil keeps for God, indeed,
Desairves a halo round his heid.
Wha serves the Lord wi empty kyte
Expecks to eat a tasty bite.

Eftir sic a spiritual feast
It's gey puir kitchen they get neist;
Beans and lentils, dreich saut fish,
Wi scanty liquor to the dish.

What profits sic a Bacchian feast
To haly monk or pairish priest
When eftir aa this bite and sup
Our flesh is by the worms ett up?

The keenin o your folks at hame
Should gar ye suffer dool and shame;
To see their son turn monk they dreid
As leevin sowls lament the deid.

He walks alang a parlous road
That loes his folks abune his God
As he'll find when he says his say
Afore the Lord on Judgment Day.

O art o argie-bargiementie
I wish that I had never kent ye
Sae monie clerics ye hae thirled
To wretched wanderin owre the warld.

Think na owre muckle o thon wee chiel,
The ane that ye admire sae weel,
That wee clerk that has lots to say,
The handsome-luikin ye ken wha.

Wae's me, maist miserable o men!
What I should dae I dinna ken.
I've been sae lang a gangrel man
I never can work out a plan.

But brither, wipe awa that tear!
My luck may cheynge within the year.
I think I'll toddle doun the braae
And be a monk some ither day!

NOTES

Arctic reek . . .: in the half-light of an Arctic winter's day, dark mists formed on the surface of the sea or among the ice-floes and gave the impression that enemy forces were present.

Many vikings left Norway for Iceland to escape the tyranny of King Harold Fine-hair.

Instant echoes . . .: when the submarine being attacked was so close that the transmission from the escort vessel's asdic set and the answering *ping* reflected off the submarine's hull were instantaeously together.

Sunderland flying-boats patrolled the north Atlantic and directed rescue ships to survivors. Conversations in morse code by Aldis lamp often took place.

pellock: porpoise.